Fugindo para viver

Adeilson Salles

Fugindo para viver

Ilustrações: L. Bandeira

FEB

Copyright © 2009 *by*
FEDERAÇÃO ESPÍRITA BRASILEIRA – FEB

1ª edição – Impressão pequenas tiragens – 4/2025

ISBN 978-85-7328-634-2

Todos os direitos reservados. Nenhuma parte desta publicação pode ser reproduzida, armazenada ou transmitida, total ou parcialmente, por quaisquer métodos ou processos, sem autorização do detentor do *copyright*.

FEDERAÇÃO ESPÍRITA BRASILEIRA – FEB
SGAN 603 – Conjunto F – Avenida L2 Norte
70830-106 – Brasília (DF) – Brasil
www.febeditora.com.br
editorial@febnet.org.br
+55 61 2101 6161

Pedidos de livros à FEB
Comercial
Tel.: (61) 2101 6161 – comercial@febnet.org.br

Adquirindo esta obra, você está colaborando com as ações de assistência e promoção social da FEB e com o Movimento Espírita na divulgação do Evangelho de Jesus à luz do Espiritismo.

Dados Internacionais de Catalogação na Publicação (CIP)
(Federação Espírita Brasileira – Biblioteca de Obras Raras)

S168f   Salles, Adeilson S. (Adeilson Silva), 1959–

Fugindo para viver / Adeilson Salles; [Ilustrações] Lourival Bandeira de Melo Neto. – 1. ed. – Impressão pequenas tiragens – Brasília: FEB, 2025.

72 p.; il. color.; 23 cm

ISBN 978-85-7328-634-2

1. Literatura espírita juvenil. I. Melo Neto, Lourival Bandeira de. II. Federação Espírita Brasileira. III. Título.

CDD 028.5
CDU 087.5
CDE 82.00.00

Sumário

Palavras do autor 7

Um mundo estranho 9

Nova fuga 15

O Chacal 21

Fugindo para viver 29

O Vale dos Embriagados 35

Lael e Dutra 41

A pousada 47

O reformatório 53

A última fuga 61

A volta para casa 67

Palavras do autor

Escrever para jovens é uma grande alegria e, por que não dizer, uma gostosa aventura.

Durante três anos, tornei-me um leitor voraz de histórias juvenis da literatura nacional, mergulhei fundo nesse tipo de leitura, acalentando o sonho de escrever histórias que pudessem levar, de maneira moderna, a mensagem espírita ao mundo juvenil.

Depois de lançar vários livros infantis, o meu maior sonho era escrever um livro para adolescentes, que fosse um convite ao prazer constante da leitura, que cada página despertasse mais desejo de ler a página seguinte.

Escrevi esta história em duas tardes; escrevi de maneira rápida e emocionante, pois, à medida que as páginas se sucediam, mais rápido eu queria terminar o livro para saber o destino dos dois amigos, Carlinhos e Pardal.

Eu já tinha a história delineada em minha mente, mas uma agradável e envolvente inspiração me fez soltar o pensamento e me deixei conduzir pela emoção.

Em determinado momento da escrita, percebi que fugia junto com eles, torcendo para que conseguissem sobreviver àquela aventura.

Deixo para você que vai ler esta história a surpresa de descobrir, pelo virar das páginas, o que acontece com esses dois companheiros de aventura.

Quero dividir com você, jovem leitor, a realização desse projeto acalentado há muito em meu coração, pois pegar este livro nas mãos é segurar um sonho materializado, poder tocá-lo.

Desejo que você, jovem leitor, viva sempre com alegria e nunca fuja da vida.

Encontraremo-nos em novas páginas, em outros livros, pois agora estou "fugindo para escrever" mais livros para você!

Até breve!

Adeilson Salles

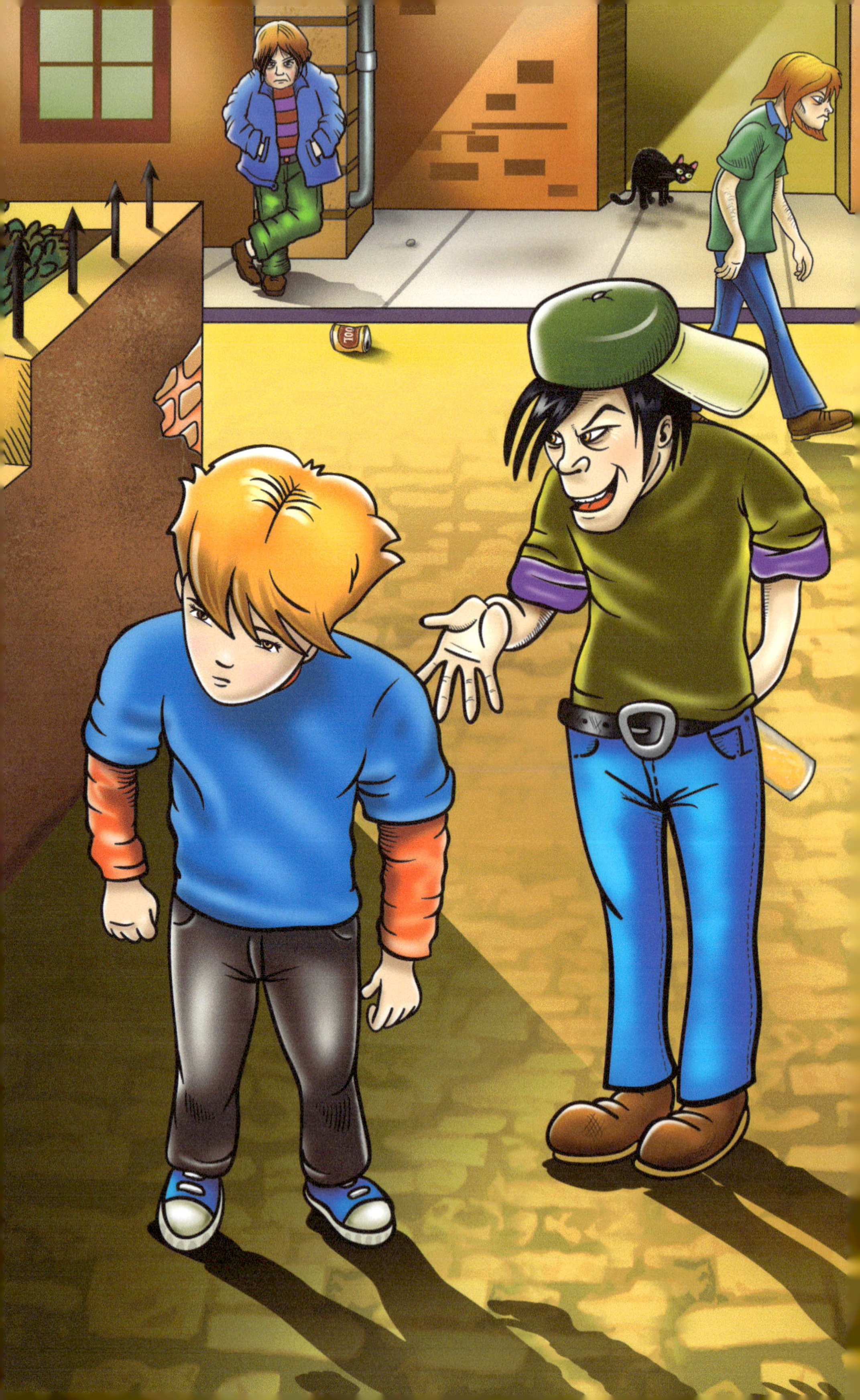

Um mundo estranho

— Que lugar estranho é esse? Como é que eu vim parar aqui?

— Ora, ora, se não é o Carlinhos!

— Quem é você? De onde me conhece?

— Você não é o Carlinhos, que tem 13 anos e estuda na Escola Estadual Duque de Caxias?

— Isso mesmo... Mas eu não te conheço...

— Mas eu te conheço. Venho te observando faz algum tempo, mas, em todo caso, muito prazer... Ha ha ha ha ha...

O estranho garoto recém-chegado gargalhava de uma maneira esquisita e Carlinhos sentia-se assustado.

— Que lugar é esse? Não conheço esse bairro. Como vim parar aqui?

— Não se lembra de como veio pra cá?

Carlinhos olhava à sua volta e via construções estranhas, jovens esquisitos caminhando.

— Eu não conheço esse lugar nem sei como vim parar aqui. Quero ir pra minha casa! Meus pais devem estar preocupados.

— Que pais?

— Meu pai e minha mãe, é claro!

— E você tem pai e mãe?

— É lógico que tenho!

— Mas aqui você não precisa mais disso.

— Como assim? Não irei mais vê-los? Você está brincando comigo, não é?

— Claro que não estou brincando! Quem gosta de brincar com a vida é você! Lembra?

— Você tá maluco, cara? Não sei que lugar é esse nem como vim parar aqui. Quero ir pra minha casa agora.

— Acho que vai ser meio difícil você voltar pra sua casa.

— Não vai ser não! Eu vou voltar e é agora!

— Será? Ha ha ha ha ha…

Carlinhos estava confuso com aquela situação. Ele não conhecia aquele lugar, mas tinha certeza de que não seria difícil voltar para casa.

Em sua mente só um pensamento se repetia: "Eu preciso fugir, meus pais devem estar preocupados com minha demora".

Ele recordava vagamente que tinha saído da escola com o Pardal, outro garoto, seu parceiro de lá.

Eles estudavam juntos na mesma classe.

Haviam combinado de ir embora juntos.

Sua cabeça estava uma grande confusão.

O jovem que estava ao seu lado trazia nas mãos uma garrafa com uma bebida de coloração muito bonita. Ele abriu a garrafa e disse:

— Quer um gole, Carlinhos?

— Eu não bebo!

— Não bebe? Ha ha ha ha ha…

— É claro que não…

Nesse instante, Carlinhos levou a mão à fronte sentindo uma pontada.

— Tome um gole, sua cabeça não vai doer mais! – insistiu o estranho garoto.

— De jeito nenhum...

Uma gritaria foi ouvida de longe...

Aos gritos, uma turma de jovens, alucinados, corria atrás de um garoto, vinham em sua direção; quando chegaram mais perto, ele reconheceu o perseguido: era Pardal, que corria alucinadamente.

— O que está acontecendo? Por que estão correndo atrás do Pardal?

Carlinhos olhou para o estranho que gargalhava anteriormente e não o viu mais.

Assim que Pardal avistou Carlinhos, passou a gritar:

— Corre, Carlinhos! Corre... Eles querem pegar a gente!!!

Eles gritavam:

— Pega! Pega os dois! Vamos acabar com eles!

Carlinhos desandou a correr e logo Pardal se emparelhou com ele.

Lado a lado os dois amigos corriam, desesperadamente, sem saber para onde.

O medo de serem pegos era tanto que, por vários minutos, eles correram sem sequer olhar para trás.

Não se deram conta de que haviam deixado aquela gangue a ver poeira.

Desaceleraram e foram parando.

Ofegantes e curvados, os dois colocaram as mãos nos joelhos em sinal de cansaço.

Permaneceram ofegantes por algum tempo, não conseguiam articular nenhuma palavra.

Abraçaram-se e Pardal falou:

— Conseguimos... — pausa para respirar profundamente — Conseguimos, escapamos...

— Poxa, Pardal... Onde é que nós estamos?

— Não faço a menor ideia, Carlinhos, nem imagino...

— Precisamos voltar pra casa.

— Disso eu tenho certeza, mas vamos começar por onde?

— Vamos seguir por essa trilha, Pardal; quando encontrarmos alguém, a gente pede informação.

— Tá certo, Carlinhos, vamos embora antes que aquela gangue de malucos apareça outra vez.

Os dois amigos andaram por horas a fio sem encontrar quem quer que seja.

— Estou com fome, Pardal. Você não está?

— Também estou! O que vamos fazer?

— Não sei, daqui a pouco vai escurecer e precisamos arranjar abrigo.

Eles andaram por mais algum tempo e a noite já se anunciava.

— Olha lá, Carlinhos! — apontou Pardal, esperançoso.

— O que foi?

— Uma luz pequena naquela direção, deve ser uma casa.

— Tomara, Pardal, vamos até lá.

Pardal esfregou as mãos e disse aliviado:

— Tenho certeza de que é uma casa, lá nós poderemos descansar.

— É melhor que seja, Pardal. Não sei mais o que pensar. Estamos em um mundo estranho, onde não conhecemos ninguém e uma gangue de loucos quer nossa cabeça.

— Nós vamos sair daqui, tenho certeza! Aquela casa é a nossa luz, a nossa saída!

Com as mãos no ombro um do outro, eles caminharam até a luz vista de longe.

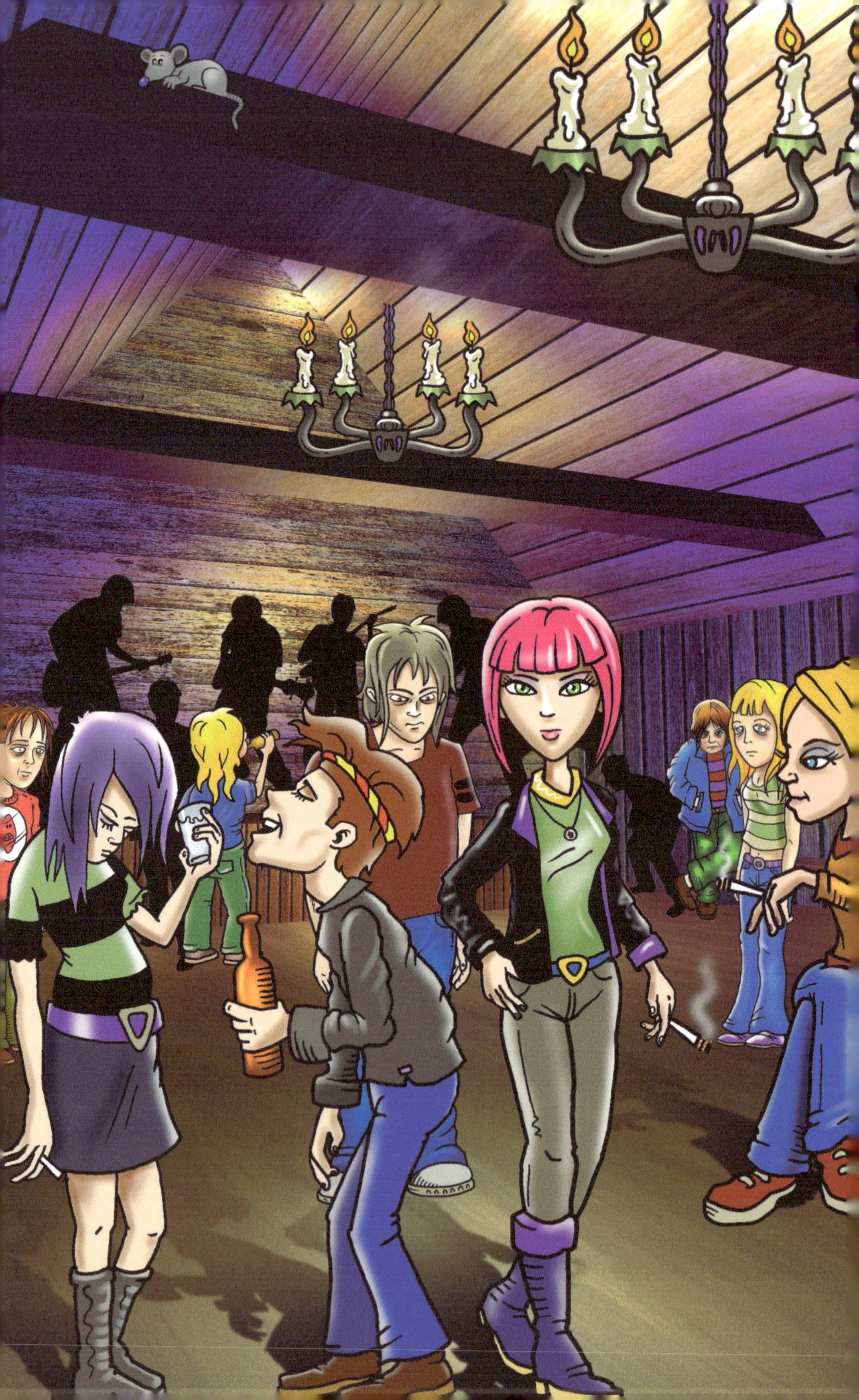

Nova fuga

— Não te falei que era uma casa! — afirmou Pardal com alegria.

— Vamos olhar aqui de longe, parece que tem movimento.

Os dois amigos ficaram em silêncio por alguns minutos.

— Olha, Carlinhos, tem um grande movimento de jovens chegando.

— É verdade, vamos nos aproximar com cuidado e ver o que está acontecendo.

A casa, que parecia ser pequena, vista de longe, era muito grande; na verdade não era uma casa, mas um amplo armazém iluminado.

Pardal e Carlinhos, agachados, aproximaram-se cuidadosamente e ficaram observando.

— Parece que irá acontecer uma grande festa. Tem até palco! — disse Pardal.

— Pardal, preste atenção, veja o rosto dos jovens...

— Que estranho! Eles parecem estar dopados ou coisa assim...

— É mesmo, parecem estar de olhos vidrados, hipnotizados, sei lá o quê...

— Precisamos tomar cuidado, Pardal! Veja, alguns parecem tomar conta da maioria...

— É verdade, Carlinhos, aqueles ali parecem conduzir a massa.

— Nossa! Parecem zumbis, são comandados pelos outros.

— É melhor irmos embora daqui, Carlinhos.

— Esse lugar é muito louco mesmo, não estou entendendo mais nada, vamos embora.

No momento em que os dois amigos se viraram para sair daquele lugar, uma voz se fez ouvir:

— Podem ficar para a festa! Vocês são meus convidados.

A voz vinha de um jovem de 18 anos aproximadamente.

— Preciso ir embora, meus pais devem estar preocupados... — argumentou Carlinhos, surpreendido.

— Ha ha ha ha ha... Essa é boa, pais preocupados? Deixem de ser frouxos, ainda não saíram da barra da saia da mamãe? Vamos lá, tem muita música e bebida, não vão faltar gatinhas pra vocês aproveitarem. E tem mais, o Chacal vai falar com a galera hoje.

Pardal e Carlinhos, assustados, entreolharam-se e preferiram aceitar o convite.

Eles caminharam na frente e o jovem atrás deles.

— Podem me chamar de Fael...

— Eu sou o Carlinhos e ele é o Pardal!

— Vamos aproveitar que hoje a balada vai ser poderosa.

Eles entraram e se surpreenderam com o tamanho do armazém.

Eram muito jovens, muito mesmo.

Garotos e garotas, todos fumando e de copo na mão.

A bebida rolava solta.

A música era de difícil compreensão, não era *rock* nem *rap*, muito menos *hip-hop*.

Eram acordes diferentes; uma banda tocava as músicas.

Carlinhos, que gostava muito de *rock*, não compreendia que ritmo louco era aquele.

Pardal olhava para o amigo e, pelo olhar, pedia para que fugissem dali.

Fael, que os havia abordado, dançava freneticamente.

Carlinhos aproximou-se do ouvido de Pardal e falou:

— Nós não estamos presos aqui...

— O quê? — indagou Pardal, sem ouvir direito.

— Nós não estamos presos aqui... O Fael nos chamou pra entrar, porque todos os jovens vêm pra cá se divertir...

— Mas que tipo de diversão é essa? Esse pessoal tá maluco...

— Sei lá... Vamos disfarçando e caminhando pra saída.

— Vamos, sim.

Pardal ia à frente, mas, ao aproximar-se da entrada, viu chegando de fora aquela gangue que os havia perseguido.

Imediatamente ele se virou para Carlinhos e o empurrou para o interior do grande salão.

— O que foi, Pardal?

— Anda logo, anda logo, aquela gangue que estava atrás da gente está chegando aqui...

— Vamos nos misturar ao pessoal que está no meio do armazém... Lá está mais movimentado.

Rapidamente, eles sumiram no meio dos outros jovens. Naquele exato momento, a música parou.

A banda parou e do microfone se aproximou um garoto estranho, com roupas esquisitas.

Óculos escuros, capa escura, gola levantada, botas de cano alto reluzentes, uma bandana preta na cabeça e calças pretas apertadas.

Mesmo antes de ele começar a falar, a maioria dos jovens presentes gritava de maneira inflamada:

— Chacal... Chacal... Chacal...

Lado a lado, os dois amigos assistiam a tudo sem acreditar.

Mas eles iriam se surpreender ainda mais, pois se colocou entre eles uma linda garota.

Morena de olhos verdes e translúcidos, cabelos pretos e cacheados, silhueta extremamente delicada, com contornos femininos e atraentes.

Ela estava entre os dois amigos que, para se olharem, tinham que se curvar para frente ou para trás da bela garota.

Delicadamente, ela virou a cabeça para direita e para a esquerda:

— Atrapalho vocês? — indagou, fazendo-os conhecer sua voz melodiosa.

— Nã, nã, não... — gaguejou Pardal.

— É claro que não — afirmou Carlinhos, recompondo-se.

— Vocês estão sempre aqui?

— É nossa primeira vez — avisou Pardal.

— Meu nome é Cristina, mas podem me chamar de Cris.

— O meu é Luiz Roberto Passarinho, mas pode me chamar de Pardal.

— Sou o Carlinhos...

— Faz tempo que vocês vieram pra cá?

— Pra falar a verdade, nem sabemos que lugar é esse e como viemos parar aqui — alertou Pardal, sem tirar os olhos da garota.

— Todos dizem a mesma coisa... — Cris falou com ironia.

— Você poderia nos dizer onde estamos? — questionou Carlinhos.

— Vocês estão... — ela foi interrompida pela voz do Chacal, que ecoou portentosa no grande armazém.

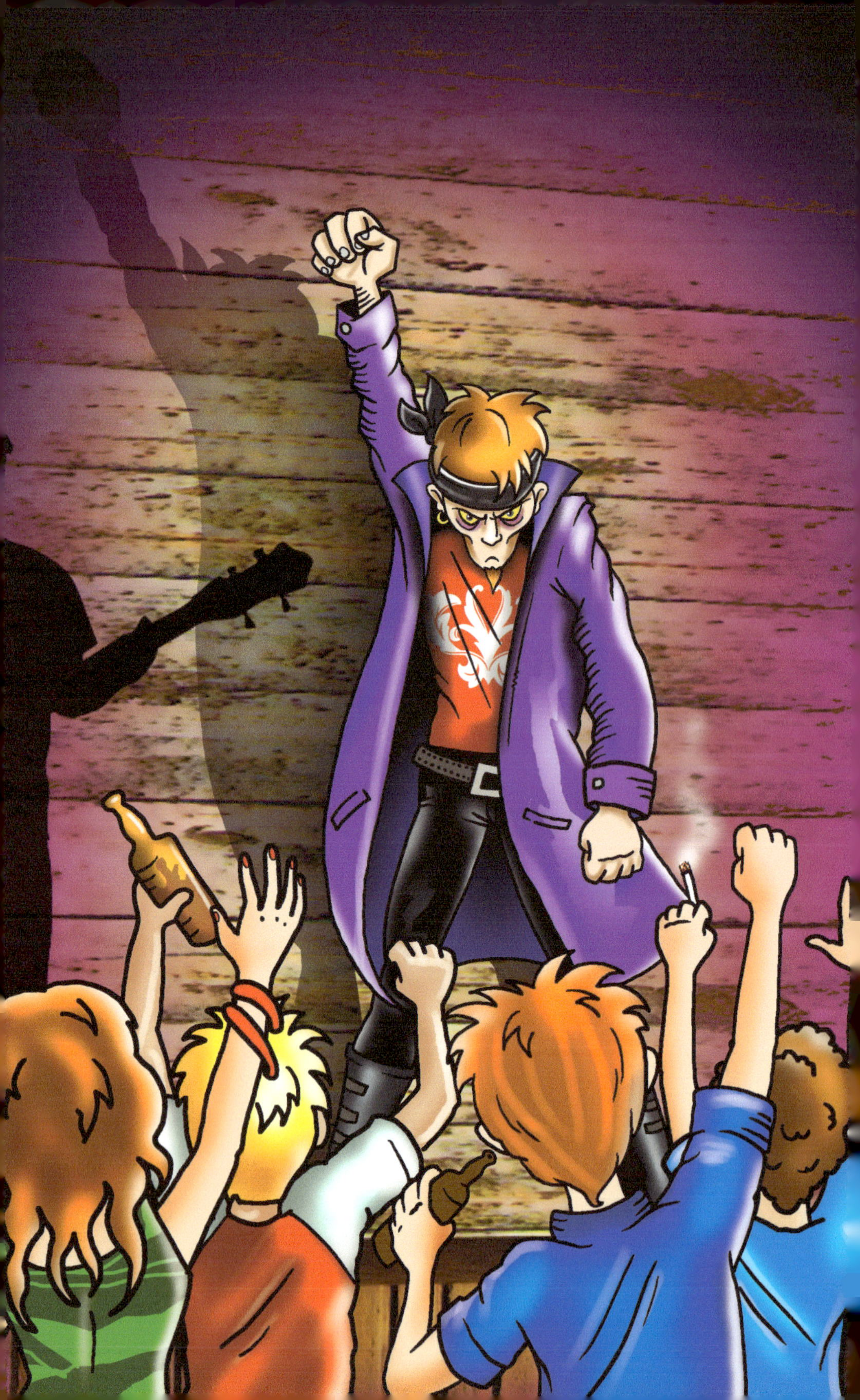

O Chacal

— A vida é uma eterna balada!!! — ele gritou, iniciando sua fala.

A grande massa de jovens, delirando, aplaudiu o que ele disse.

— Devemos aproveitar ao máximo o que a vida pode nos oferecer. Merecemos todos os prazeres. Tudo nos é permitido. De que vale a vida sem prazer?

Carlinhos, Cris e Pardal se entreolharam. E Chacal continuou:

— Devemos buscar outros jovens para a nossa legião. Precisamos de mais viciados para poder suprir o nosso desejo. São eles, os vestidos de carne, que podem manter o nosso gozo.

— Não estou entendendo nada — Pardal falou baixinho para os amigos.

Outro jovem, fisicamente enorme, que se encontrava ao lado deles, advertiu-o, colocando o dedo nos lábios:

— Shhhhhhhhhhh!

Pardal engoliu em seco, amedrontado.

E Chacal prosseguiu:

— Muitos pais são os nossos maiores aliados no aliciamento dos filhos. São eles que molham o dedo na bebida e colocam na boca dos bebês, despertando neles o vício que se encontra adormecido.

Ele foi interrompido pelos jovens que gritavam enlouquecidos:

— Chacal... Chacal... Chacal...

— Tudo nos é permitido, mas, para que possamos usufruir dos nossos prazeres, devemos continuar a buscar os que estão afinados com nossos desejos na outra dimensão.

— Que papo é esse, Carlinhos?

— Fica quieto, Pardal!

Naquele momento, Cris segurou a mão dos dois amigos. Eles não entenderam o que ela desejava, mas ambos começaram a ouvir a voz dela mentalmente.

Ela conversava com os dois por telepatia.

— Carlinhos e Pardal, confiem no que eu vou lhes dizer. Vocês devem fugir o mais rápido que puderem.

Nesse momento, ela não segurava mais a mão dos dois amigos, mas o vínculo telepático se mantinha e a conversa continuava. Carlinhos buscou explicação:

— Como podemos estar falando com você sem abrir a boca? Que lugar é esse, Cris?

— Vocês foram avistados pela gangue que os perseguia, saiam devagar e fujam o mais rápido que puderem, não desistam. Vocês ainda terão que fugir por algum tempo, mas tudo vai acabar bem. Eu estarei com vocês! Agora, vão!

— A vida é uma eterna balada! — voltou a afirmar Chacal.

Os dois amigos foram se dirigindo à saída, pediam licença e tentavam sair logo dali.

Chegando à porta, ouviram vozes vindas por entre os jovens pelos quais haviam passado:

— Saiam da frente, saiam da frente...

Assim que passaram pela porta principal, desandaram a correr.

Pardal olhou para trás e viu um grande número de garotos correndo atrás deles.

— Pega, pega, pega!

Com o coração aos saltos, os dois amigos correram em direção à mata que havia próximo dali.

Com as mãos, iam afastando os galhos, mas mesmo assim arranhavam o rosto, se feriam.

As luzes haviam ficado para trás, mas eles não paravam de correr.

Corriam como podiam, fugiam para viver.

Atrás deles as vozes se faziam ouvir:

— Eles não devem estar longe... — dizia um.

— O Chacal pediu para levarmos os dois até ele! — afirmava outro.

— Quando colocarmos as mãos neles, estarão mortos! — avisava alguém.

— Mortos de novo!

A gargalhada foi geral.

Mas alguém alertou:

— Eles ainda não estavam mortos.

— Mas não falta muito pra isso!

— Ha ha ha ha ha... — as gargalhadas prosseguiram, assustando os dois fugitivos.

Carlinhos e Pardal ouviram aquelas frases sem entender o que eles diziam.

Mais e mais se embrenhavam na mata, até que:

— Segure a minha mão, Carlinhos, estou afundando na lama...

— Shhhhhhh... Fale baixo, Pardal! Eles estão perto...

— Estou afundando...

— Calma, calma!

— Sigam em frente, na direção da Lua!

Eles reconheceram a voz, era da Cris.

Num esforço, Carlinhos foi puxando o amigo:

— Vamos, Pardal, força!

— Eu fiquei preso até a cintura, minhas pernas estavam atoladas.

— Vamos, não podemos perder tempo!

— Obrigado, Carlinhos!

Eles viram a luz forte, de uma espécie de lanterna, focando na direção deles.

Imediatamente, abaixaram-se.

Baixinho, Carlinhos disse, alertando:

— Estou ouvindo barulho de água na direção que a Cris indicou, deve ser um rio... Vamos correr sem parar, até chegar lá.

— Certo, vamos!

Carlinhos ouviu passos quebrando galhos.

— Agora, Pardal...

Eles saíram em desabalada.

Pardal prendeu o pé em uma forquilha e gritou:

— Tô preso, Carlinhos! Vá sozinho...

— De jeito nenhum.

Ele voltou, ajudou o amigo a livrar o pé e saiu puxando-o.

— Ali, eles estão ali... Vamos pegá-los.

Eles chegaram à beira de um rio sem ter como voltar.

— Precisamos pular na água, Pardal; você sabe nadar?

— Sei, Carlinhos, vamos em frente.

— Agora!

Os dois se atiraram no rio e, com vigorosas braçadas, afastaram-se da margem.

A noite, iluminada pelo intenso brilho da Lua, salpicava as águas do rio com milhares de pontas prateadas.

Eles não contavam com a forte correnteza que os arrastou por alguns metros.

Tiveram que redobrar o esforço e alcançaram a margem cerca de 150 metros à frente.

— Pardal, Pardal! — chamava Carlinhos pelo amigo.

— Estou aqui.

— Onde? Onde?

A silhueta de Carlinhos foi vista por Pardal, que caminhou em direção ao amigo.

Ele o abraçou e ambos caíram no chão, exaustos pela fuga.

— Precisamos encontrar abrigo para esta noite!

— Tem razão, Pardal, vamos caminhar um pouco, mata adentro, pra ver se conseguimos um lugar melhor.

— Acho que é melhor seguirmos a margem do rio, talvez alguma pedra nos sirva de abrigo.

— Tem razão mais uma vez, vamos beirando o rio...

Eles caminharam, cuidadosamente, por alguns minutos.

— Veja, Pardal!

— O que foi?

— Essa árvore com seu grande galho que avança por sobre o rio. Ela pode nos abrigar por hoje.

— Tem razão, vamos subir nela.

— Seu galho é largo o suficiente pra gente se ajeitar e descansar um pouco.

— Esses cipós enfeixados podem nos proteger, Carlinhos. Só espero que não apareça nenhum animal por aqui.

— Fique tranquilo, Pardal, a gente reveza. Enquanto um dorme, o outro vigia.

— Carlinhos, que lugar estranho é esse que nós estamos?

— Nem imagino, Pardal, é tudo uma loucura.

— E a Cris, que falou com a gente sem abrir a boca?

— Já ouvi falar em telepatia, mas não acreditava que fosse possível.

— E esses malucos querendo nos pegar? E aquela turma no armazém?

— Pardal, tá parecendo filme de terror. A Cris aparece e some, fala com a gente por telepatia.

— Quieto, Carlinhos, quieto...

— O que foi?

Carlinhos ficou quieto a pedido do amigo por alguns minutos, sem entender nada.

Ele olhou para o rosto de Pardal e viu uma gota de lágrima rolar pela face do amigo, lágrima prateada, parecendo cristal, carregando dentro dela os raios da Lua.

— O que foi, Pardal?

— Tive a nítida impressão de ouvir minha mãe chorando.

— É impressão sua... Eu não ouvi nada!

— Eu não ouvi com os ouvidos, Carlinhos.

— Como assim?

— Pode parecer estranho, mas minha mãe chorava e eu sentia seu choro dentro do meu coração. O som do choro não vinha de fora, entende? Eu ouvia o choro dela dentro de mim.

— Não sei o que te dizer, Pardal... Eu também estou muito triste e arrependido de algumas coisas. Mas nós vamos voltar pra casa, pode apostar.

— Tomara, Carlinhos, tomara...

— Agora durma que eu fico vigiando, depois é minha vez!

— Tá certo, vou descansar um pouco, pelo menos vou tentar.

— Então, tente!

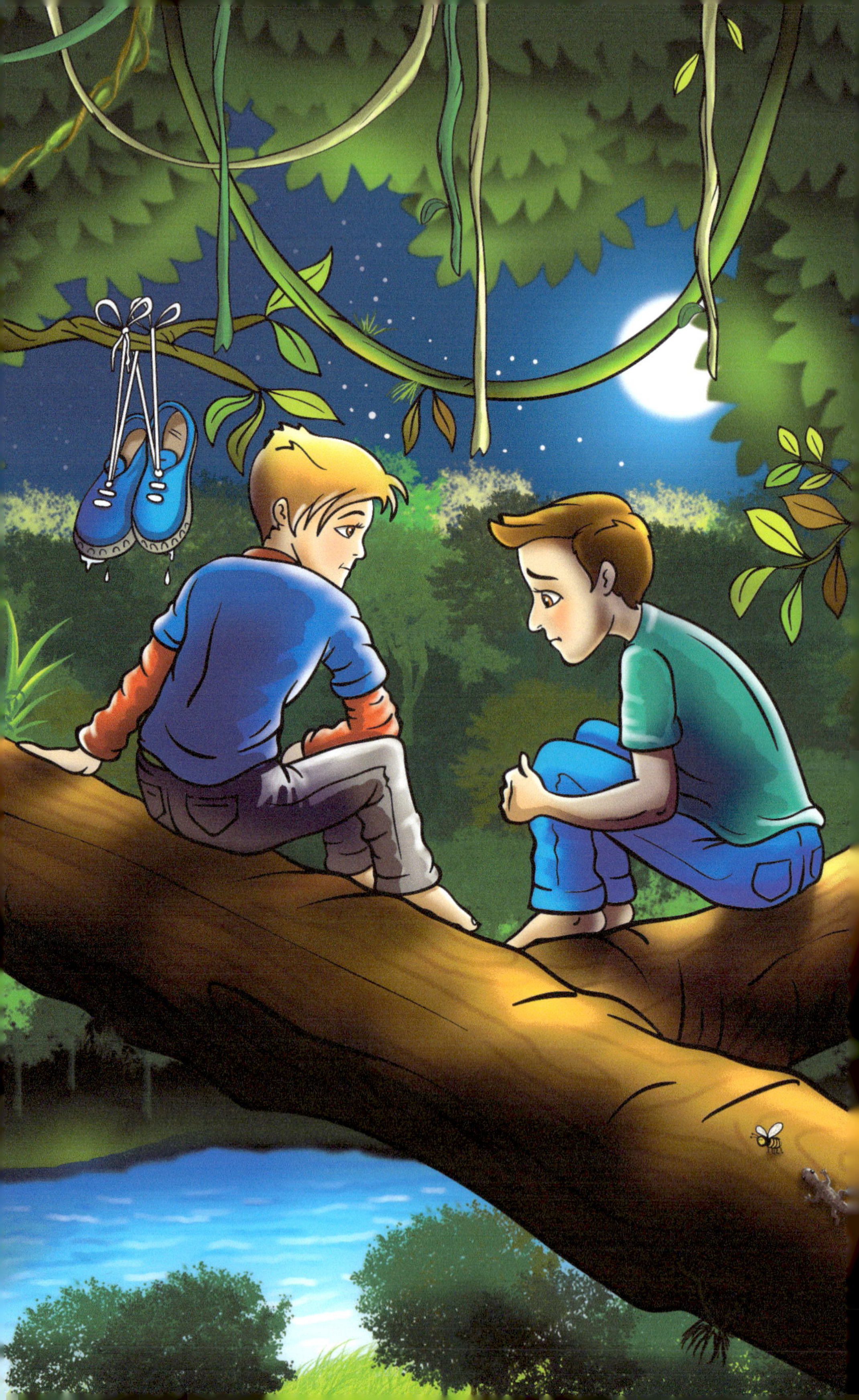

Fugindo para viver

Os dois amigos se revezaram na curta noite de sono.

Pardal dormiu sentado, vencido pelo cansaço, Carlinhos adormeceu como um contorcionista.

Os dois despertaram com os raios do Sol, que penetravam por entre as folhas da frondosa copa daquela árvore.

Eles desceram e beberam um pouco d'água do rio.

— Vamos, Pardal, precisamos caminhar!

— Não podemos perder tempo!

Eles partiram pela mata e caminharam, caminharam...

— Estou faminto — reclamava Carlinhos.

— Idem, idem...

— Silêncio.

— O que foi?

— Calma, Pardal, espera.

— Não estou ouvindo nada!

— Eu ouvi vozes vindas daquela direção. Vamos por ali.

— Se você está dizendo... Vamos ver de onde vêm essas vozes.

Eles caminharam na direção apontada por Carlinhos.

A mata era espessa, e precisavam abrir caminho com as mãos.

— Olhe, Carlinhos!

— Uma casa!

— Vamos observar daqui, antes de nos aproximarmos.

— Isso mesmo, Pardal, vamos esperar um pouco.

Eles ficaram à espreita, e cerca de uma hora depois...

— Olha, um senhor saiu lá de dentro!

Carlinhos pediu que o amigo ficasse quieto.

Para surpresa dos dois amigos, o senhor olhava na direção em que eles estavam.

Ele caminhava para o lado dos meninos, que, assustados, prendiam a respiração.

Minutos, que pareciam horas, arrastavam-se, e lá vinha o senhor na direção deles.

Ambos ficaram paralisados, sem saber o que fazer. As pernas tremiam, eles transpiravam abundantemente.

O silêncio foi quebrado pela voz do homem:

— Meninos, estão com fome?

Eles se entreolharam.

— Podem sair daí, venham, vou lhes preparar alguma coisa para comer.

Como se tivessem sido pegos em flagrante por algo errado, eles saíram da mata.

— Não se envergonhem, venham!

Novamente eles se entreolharam.

— Mas antes de lhes dar algo para comer, quero que me ajudem.

Só nesse momento Carlinhos conseguiu falar:

— No que podemos ajudá-lo, senhor?

— Tudo que conseguimos pelo nosso esforço tem mais valor, não é?

— Isso mesmo — conseguiu falar Pardal.

— Eu lhes dou comida, e vocês fazem uma tarefa pra mim. Querem?

— Com a fome que estamos, fazemos qualquer tarefa — afirmou Pardal, animado.

— Fazemos, sim, pode deixar com a gente!

— Então, vou levar vocês para comer algo. Venham, entrem!

Animados, os amigos seguiram o bondoso senhor para o interior da casa.

— Lívia, Lívia!

— Já vou, vovô.

Uma bela adolescente saiu de outro cômodo da casa.

— Lívia, temos visita!

— Sim, vovô! – disse a bela jovem, de olhos fixos em Pardal.

— Prepare alguma coisa para os meninos comerem!

Carlinhos cutucava Pardal com o cotovelo, para que ele se comportasse e parasse de encarar a neta do anfitrião.

— Vamos para a cozinha! — chamou o senhor.

Os dois o seguiram, sentaram-se nas cadeiras indicadas pelo dono da casa e aguardaram pela comida.

O aroma agradável da comida entorpecia os dois amigos famintos.

Os pratos foram postos à mesa.

— Podem se servir! Podem comer, meninos!

— Obrigado, senhor! — agradeceu Carlinhos, já levando a primeira garfada de arroz com feijão à boca.

Enquanto mastigava, observou que Pardal não tocava na comida, pois não tirava os olhos de Lívia.

— Pardal, pode comer.

— Hã...

— Eu disse pra você comer! Desculpe o meu amigo, senhor! Pardal!!!

— Ah, sim, desculpe...

Eles almoçaram com satisfação, como há muito não faziam.

— Estão satisfeitos?

— Estamos sim, senhor! — afirmou Pardal.

— Obrigado, senhor! — agradeceu Carlinhos. — Mas qual é a nossa tarefa?

— É fácil, eu e minha neta temos que carregar nossa carroça e levá-la até a cidade. Preciso que vocês me ajudem a carregar a carroça.

— Depois o senhor pode nos dar uma carona?

— Claro que sim. Para onde vocês vão?

— Queremos voltar pra casa... — Carlinhos disse, esperançoso.

— E de onde vocês são?

— Somos de São Paulo! — afirmou Pardal — Senhor, quero lhe perguntar... Que lugar é esse?

— Vocês não sabem?!

— Não, senhor! Pode nos dizer? — indagou Carlinhos.

— Todos que passam por aqui dizem a mesma coisa!

— Não entendi! – Carlinhos coçou a cabeça, desconcertado.

— Você não precisa entender! Vocês vão aprender!

Os dois amigos se entreolharam mais uma vez.

O senhor se afastou deles, e Pardal comentou:

— Nesse lugar só dá gente pirada!

— Shhhhhhhh! — pediu Carlinhos.

O anfitrião retornou e disse:

— Vamos à tarefa?

— Claro, claro — Pardal concordou.

A jovem prosseguiu na cozinha cuidando das coisas.

— Vamos até lá fora! Vejam, não é muita coisa, é só colocar esses seis sacos de espigas de milho em nossa carroça. Vocês podem fazer isso?

Imediatamente, os dois amigos começaram a tarefa. Em poucos minutos, concluíram:

— Pronto, senhor, tarefa acabada! — alegrou-se Carlinhos, esfregando uma mão na outra.

— Então, vamos embora levar a carga!

O ancião encilhou o cavalo e deixou tudo pronto para partir.

Ele entrou no interior da casa e rapidamente retornou com a neta.

— Podemos ir, meninos!

Todos se acomodaram na carroça e logo estavam a caminho da cidade.

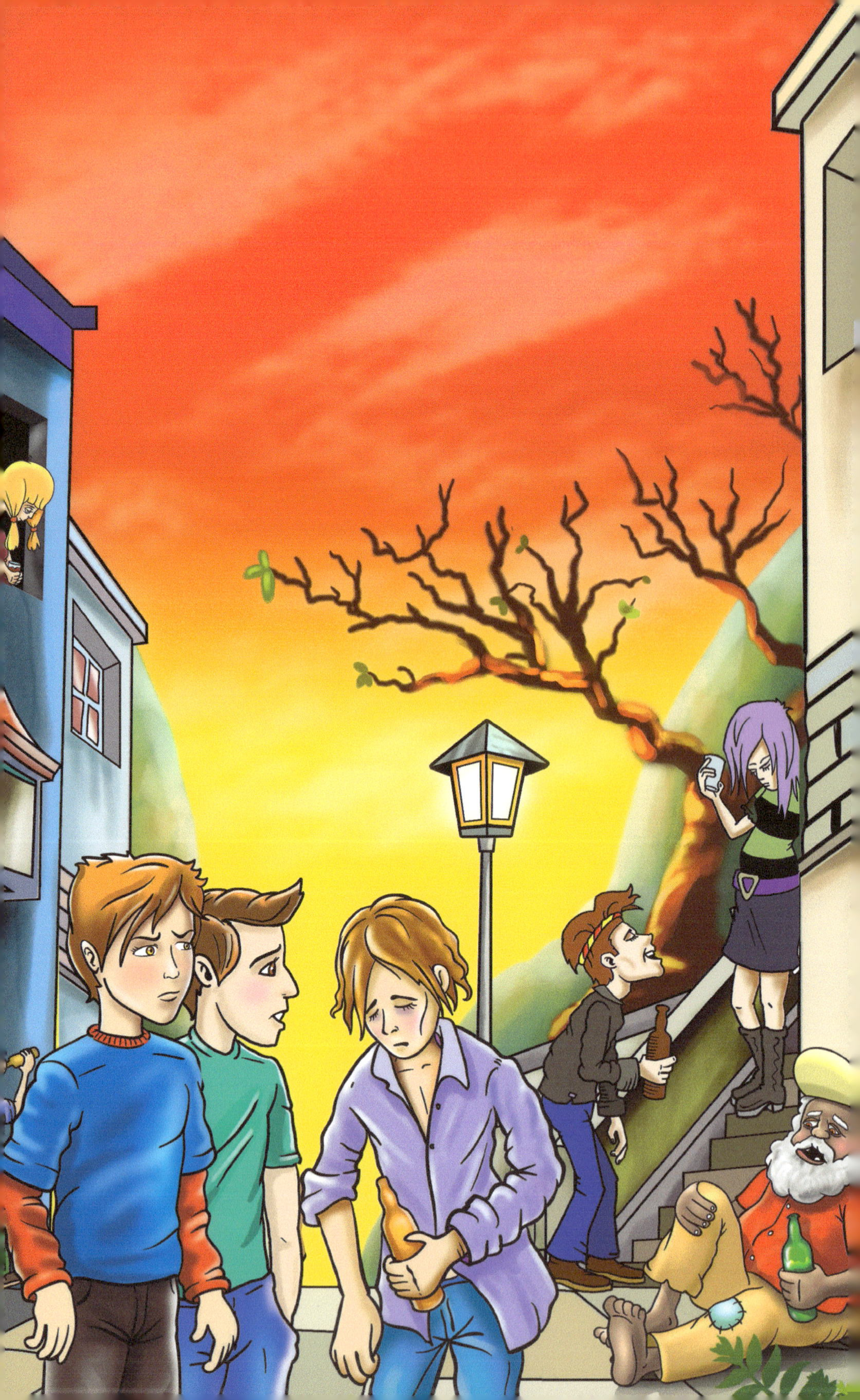

O Vale dos Embriagados

Com trotes rápidos, o cavalo avançava pela estrada de chão batido, transportando a carga de milho e as quatro pessoas acomodadas na carroça.

Pardal não tirava os olhos da neta do ancião.

— Meninos, estamos chegando à cidade!

— Não sabemos o seu nome para poder lhe agradecer — afirmou Carlinhos.

— Meu nome é Abel!

— Obrigado pela ajuda, Sr. Abel!

— Ora, não é nada, Carlinhos, foi um prazer ajudar vocês nesta fuga.

— Como sabe que estamos fugindo?

— Não se preocupem com a maneira que descobri essa situação. Vão em paz!

A carroça passou pelas primeiras casas da cidade e avançou em direção à praça central.

— Vocês devem seguir naquela direção! — apontou Abel para uma rua próxima.

— Vamos, Pardal!

— Adeus, Lívia... Adeus, Sr. Abel...

— Até breve, Pardal! — despediu-se Lívia.

— Até breve??? — estranhou o garoto apelidado de Pardal.

— Até breve, Pardal! — despediu-se Abel.

Os dois amigos desceram da carroça e ela seguiu seu rumo.

Da praça onde estavam, eles ainda avistaram avô e neta dobrando a esquina próxima.

— Vocês ainda precisam fugir mais um pouco!

Os dois se assustaram, pois a voz vinha de um homem maltrapilho e coxo, que, parecendo ser cego, fazia daquela praça o seu ponto de mendicância.

— O que foi que o senhor disse? — indagou Carlinhos ao pobre homem.

Um transeunte que passava, vendo que o garoto inquiria o mendigo, informou:

— Ele é surdo e mudo! Não adianta perguntar nada a ele!

— Mas ele acabou de falar com a gente! — desacreditou Pardal.

— Ele é cego e surdo de nascença! — disse o passante, dando de ombros.

A cena se repetiu mais uma vez.

Os dois amigos se entreolharam, sem nada entender.

— Vamos embora, Pardal.

— Vamos, sim!

— Iremos pelo caminho que o Sr. Abel indicou!

Com as mãos no ombro um do outro, eles contornaram a praça e caminharam para deixar a cidade.

Andaram por algumas horas e de longe avistaram um vale.

— Olhe, Pardal! Que lugar será aquele?

— Vamos com cuidado, Carlinhos, meu pé ainda dói por causa daquela forquilha.

— Tem muita gente andando por lá. Acho que não tem perigo, podemos chegar mais perto. Precisamos de nova informação para chegarmos em casa. Quem sabe alguém de lá pode nos ajudar.

— Estou preocupado, se tiver que correr de novo, não irei aguentar.

— Vamos chegar mais perto, Pardal!

— Você que sabe!

À medida que eles se aproximavam das pessoas, percebiam que aquelas dezenas de homens e mulheres, jovens e idosos, que lá se encontravam, estavam todos alcoolizados.

— Que lugar é esse? — indagou Carlinhos.

— Sei lá, nunca vi nada igual! Nem os maiores botecos de São Paulo têm tanta gente bêbada assim.

— Ei, vocês dois...

A voz vinha de um jovem de aproximadamente 16 anos, totalmente bêbado.

— Tá falando com a gente? — perguntou Pardal.

— É claro que sim, tem mais gente com vocês?

— Que lugar é esse, amigo? — quis saber Carlinhos.

— Aqui é o Vale dos Embriagados!

— Vale dos Embriagados? — duvidou Pardal.

— Isso mesmo. Vocês vieram pra ficar? Gostam de beber? Se gostam, vieram ao lugar certo!

— Nós não gostamos de beber, não! — negou Carlinhos, contrariado.

— Então, como vieram parar aqui?

— Qual o seu nome? — inquiriu Pardal.

— Pode me chamar de Fausto — respondeu o jovem em triste estado de embriaguez.

— Você bebe sempre assim?

— Esse é meu estado natural!

— Nossa! Estado natural? — indagou Carlinhos.

— Desde quando você bebe?

— Nem lembro quando comecei, mas foi em casa que aprendi esse vício. Minha mãe, que também bebia, dizia que meu pai molhava minha chupeta na cachaça. Muitas vezes, eles colocaram cachaça na minha mamadeira, por falta de leite.

— Não acredito! — espantou-se Pardal.

— Pode acreditar, é verdade!

Os dois amigos perceberam que daquele jovem exalava intenso mau cheiro.

— E onde estão seus pais?

— Devem estar caídos por aí ou iniciando novos bebedores.

— Iniciando novos bebedores?

— Isso mesmo! Eles são fantasmas que bebem! Agarram os que se iniciam na bebida.

— Cada vez eu entendo menos este mundo esquisito. Vamos embora, Carlinhos!

— Não querem tomar alguma coisa com a gente?

Pardal e Carlinhos não haviam percebido, mas estavam cercados de bêbados por todos os lados.

Um grande círculo se formou em volta deles.

— E agora, Carlinhos, o que vamos fazer?

— Precisamos fugir; fugir o mais rápido que pudermos. Segue-me agora, corre...

Dizendo isso, Carlinhos empurrou um jovem alcoolizado, abrindo uma brecha no círculo.

Nesse instante Pardal o seguiu, e eles saíram correndo.

Estranhamente, à medida que eles corriam, passavam por um comprido corredor polonês, formado por pessoas em alto estado de embriaguez, que tentavam agarrá-los.

— Corre, Carlinhos, corre!

E lá se foram os dois fugindo mais uma vez.

Quando se viram longe do Vale dos Embriagados, Pardal e Carlinhos sentaram-se no chão e vomitaram por várias vezes.

— Vocês estão bem, meninos?

— Quem é dessa vez?

— Não se preocupe, Pardal. Digamos que sou uma parenta de tempos atrás.

— Da minha família?

— Da família dos dois; digamos que chega uma época em que a gente se sente parente de todo mundo.

A recém-chegada aproximou-se dos meninos e, carinhosamente, colocou a mão sobre a barriga de cada um.

— Puxa! estou sentindo uma coisa gostosa na minha barriga! — alegrou-se Carlinhos, aliviado.

— Eu também! Que sensação agradável! Como é que a senhora faz isso?

— É a força da vontade dirigida pelo pensamento. Desejei intensamente que vocês melhorassem.

— E nós melhoramos mesmo! — confirmou Pardal, com alegria.

— Agora vocês podem continuar!

— Queremos voltar pra casa o mais rápido possível.

— Você vai voltar, Carlinhos!

— Ainda estamos longe? — quis saber Pardal.

— Não muito, mas precisam seguir adiante.

— A senhora disse que é nossa parenta, por que não vem conosco?

— Não posso, Pardal, vocês precisam aprender a percorrer esses caminhos sozinhos. Tenham força e vão em frente.

— Estamos cansados de fugir! — afirmou Carlinhos. — Nem sei por que temos que fugir tanto, não fizemos nada.

— Tenha calma que você vai chegar ao seu destino, mas não desista por nenhum motivo.

— E como vou saber que cheguei?

— Você vai saber, Carlinhos, seu coração vai lhe dizer. Ouvirá uma voz bem dentro de você.

— Então, vamos embora! — chamou Pardal.

— Adeus, minha parenta; obrigado!

— Até breve, Pardal!

— Até breve, senhora!

— Até breve, Carlinhos!

Mais uma vez lá foram eles, com as mãos nos ombros um do outro.

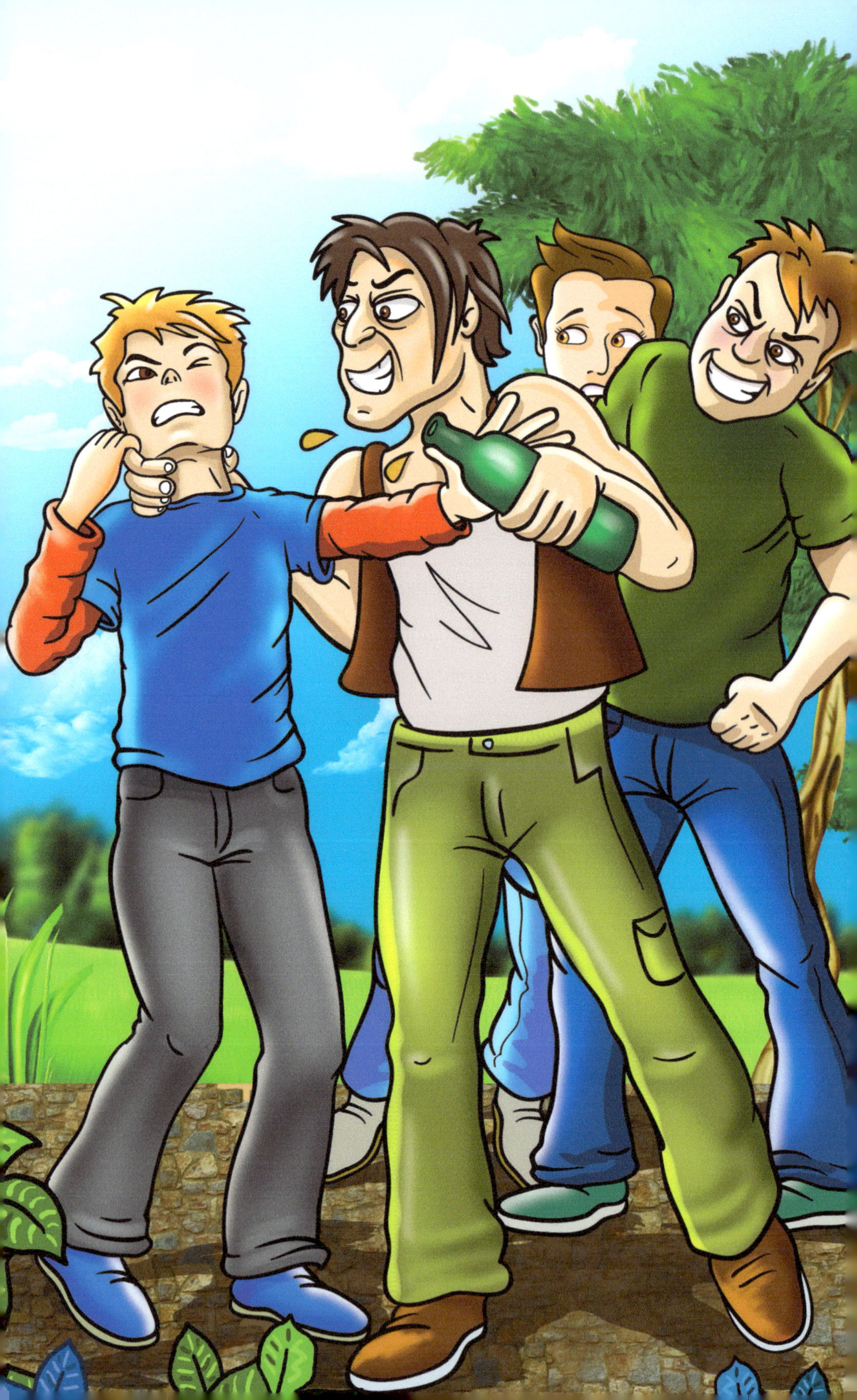

Lael e Dutra

— Não faço a menor ideia de para onde estamos indo!

— Não podemos parar, Pardal, tenho certeza de que estamos indo pra casa. Mas gostaria de sentar um pouco pra descansar.

— Tudo bem, Carlinhos! Vamos descansar um pouco.

Eles sentaram sob a sombra de uma árvore e ficaram em silêncio.

Pardal olhou para o amigo, pois iria fazer uma nova pergunta, mas se deteve.

Ele observava grossas lágrimas que nasciam nos olhos do amigo e desciam pelo rosto cansado.

Tentando animar o amigo, ele disse:

— O que houve, Carlinhos? Por que você está chorando?

— Eu senti a mesma coisa que você sentiu lá na beira do rio, lembra?

— Qual delas? Venho sentindo tantas coisas estranhas que já nem sei mais o que dizer.

— Ouvi minha mãe chorando dentro de mim. Não ouvi com os ouvidos, parece que ela chorava dentro do meu peito. Era tão grande a tristeza dela que acabou sendo minha também.

Pardal sorriu e procurou animar o amigo:

— É um sinal claro de que não podemos desistir! Vamos, Carlinhos, logo estaremos em casa.

Ele enxugou o rosto com o dorso das mãos e disse:

— Pardal, a gente não tá acostumado a dizer essas coisas, mas preciso te dizer...

— Que foi, Carlinhos? Pode falar.

— Você é o meu melhor amigo, e acho que eu não conseguiria continuar se não fosse a sua ajuda...

— Você também é um amigão, Carlinhos, me sinto como seu mano de verdade.

— Então, vamos embora, logo iremos chegar em nossa casa!

Os dois sorriram e voltaram a caminhar, animados.

Em certo momento da caminhada, eles ouviram:

— Ei, ei...

Olharam para trás e viram dois homens acenando com as mãos:

— Esperem por nós!

— Quem serão esses dois, Pardal?

— Nem imagino, mas vamos ficar atentos, todo cuidado é pouco, olha que roupas estranhas eles usam!

— Tá certo, qualquer coisa a gente sai correndo...

— Combinado!

Os dois homens se aproximaram e disseram:

— Olá, Carlinhos! Olá, Pardal!

— Vocês nos conhecem? — indagou Pardal.

— Claro que sim... Eu sou o Lael e esse é meu amigo Dutra.

— De onde vocês nos conhecem?

Os dois recém-chegados deram uma gargalhada ao mesmo tempo.

— Ora — respondeu Lael —, estamos sempre com vocês nos momentos de alegria!

— Todas as vezes que vocês tomam uma bebidinha, nós não perdemos o brinde! — Dutra afirmou, esfregando as mãos.

— Não estou entendendo nada! — estranhou Carlinhos.

— Somos parceiros de copo! — Lael disse, tentando se aproximar de Pardal.

— Não se aproximem! — alertou Pardal.

— Sem crise, garoto; sem crise... — Dutra procurava acalmar a situação.

— Nós não bebemos! — reagiu Carlinhos.

— Não bebem? Que piada é essa, moleque? — Lael alterou a voz ameaçadora.

— Bebem, sim, e nos ajudam a beber também! — afirmou Dutra, com ironia.

— Deve estar havendo algum engano, nem eu nem o Pardal temos o costume de beber — assegurou Carlinhos.

Dutra e Lael caíram na gargalhada mais uma vez.

— Olha aqui, moleques, prestem atenção, nem pensem em deixar de beber; caso contrário, nós iremos pegar vocês, entendeu?

— Seu Dutra — tentou contemporizar Pardal —, acho que está havendo algum engano.

— Seu Dutra, acho que está havendo algum engano — remedou Lael, com profunda ironia.

— Ha ha ha ha ha ha ha ... nao sejam ridículos, vocês bebem e não vão parar de beber. Eu e meu amigo Lael precisamos que vocês bebam cada vez mais, estamos entendidos? Caso contrário, irão se arrepender!

— Onde já se viu tamanha ingratidão? Estamos aqui para levá-los pra casa e vocês nos recebem assim! — Lael falava com sarcasmo.

— Não precisam se incomodar com a gente, não é Pardal?

— Isso mesmo, seu Dutra, nós iremos sozinhos.

— De jeito nenhum, fazemos questão de acompanhá-los. Não é Lael?

— Claro que sim, afinal não somos amigos apenas de copo. Estamos juntos em todos os momentos.

Novamente, os estranhos personagens deram gargalhadas.

Eles se aproximaram dos garotos e colocaram as mãos sobre os ombros de cada um.

Lael ficou ao lado de Pardal, e Dutra colocou a mão direita na nuca de Carlinhos.

— Vamos indo? — indagou Lael.

Pardal e Carlinhos silenciaram, assustados.

— Vamos embora, Lael! — Dutra respondeu a seu amigo.

Após andarem por cerca de quarenta minutos, eles pararam:

— Meninos! Pensaram que iam caminhar sem nenhuma recompensa? — avisou Lael — Vamos dar um gole agora.

Dutra tirou da parte interna de sua roupa uma garrafa de bebida.

— Pode tomar, garoto.

Ele segurou a nuca de Carlinhos, apertando-a para que o garoto ingerisse o conteúdo da garrafa.

— Eu não quero beber... — recusou-se, fechando a boca.

— Como não quer beber? — reagiu Dutra com estupidez.

— Faça-o beber! Ele tem que dar uma golada! — ameaçou Lael.

— Eu bebo! — pediu Pardal.

— Eu sabia que esse tinha mais juízo! — falou Lael, sorridente.

— Passe-me a garrafa, Dutra!

— Pegue, Lael, dê pra ele beber...

— Não sou bebê pra que me deem bebida na boca — reclamou Pardal, contrariado.

— Tá certo, tá certo, e como você quer beber, moleque?

— Quero beber como vocês, direto no gargalo!

Carlinhos, sem entender, assistia a tudo, preocupado.

— Então, tome de uma golada só, quero ver! — falou com satisfação Dutra.

— Pode deixar, dê-me logo essa garrafa!

— Esse é dos nossos, Lael! — Dutra afirmava com alegria.

Lael alegrou-se com o jeito de Pardal e relaxou na marcação.

Pardal, com ironia, com a garrafa na mão, caminhou em direção a Carlinhos. Dutra e Lael observavam com expectativa e curiosidade.

— Não posso deixar de brindar ao meu amigo Carlinhos...

— Você ficou louco, Pardal? — Carlinhos desesperava-se.

Pardal ergueu a garrafa e disse:

— Um brinde ao meu amigo...

Ele passou o gargalo da garrafa pelo nariz do amigo e aproximou-a da boca.

Lael e Dutra gargalhavam da atitude do garoto.

Nesse instante, sem que os dois beberrões esperassem, Pardal atirou a garrafa na testa de Dutra, que soltou a nuca de Carlinhos. Ele virou-se com rapidez e empurrou Lael, que, surpreendido, caiu no chão.

— Corre, Carlinhos, corre!

Atordoados, Dutra e Lael amaldiçoavam os dois garotos, que se afastaram em desabalada.

Eles se recompuseram e Lael afirmou:

— Deixe que eles partam... No primeiro gole eles nos atrairão novamente para o lado deles!

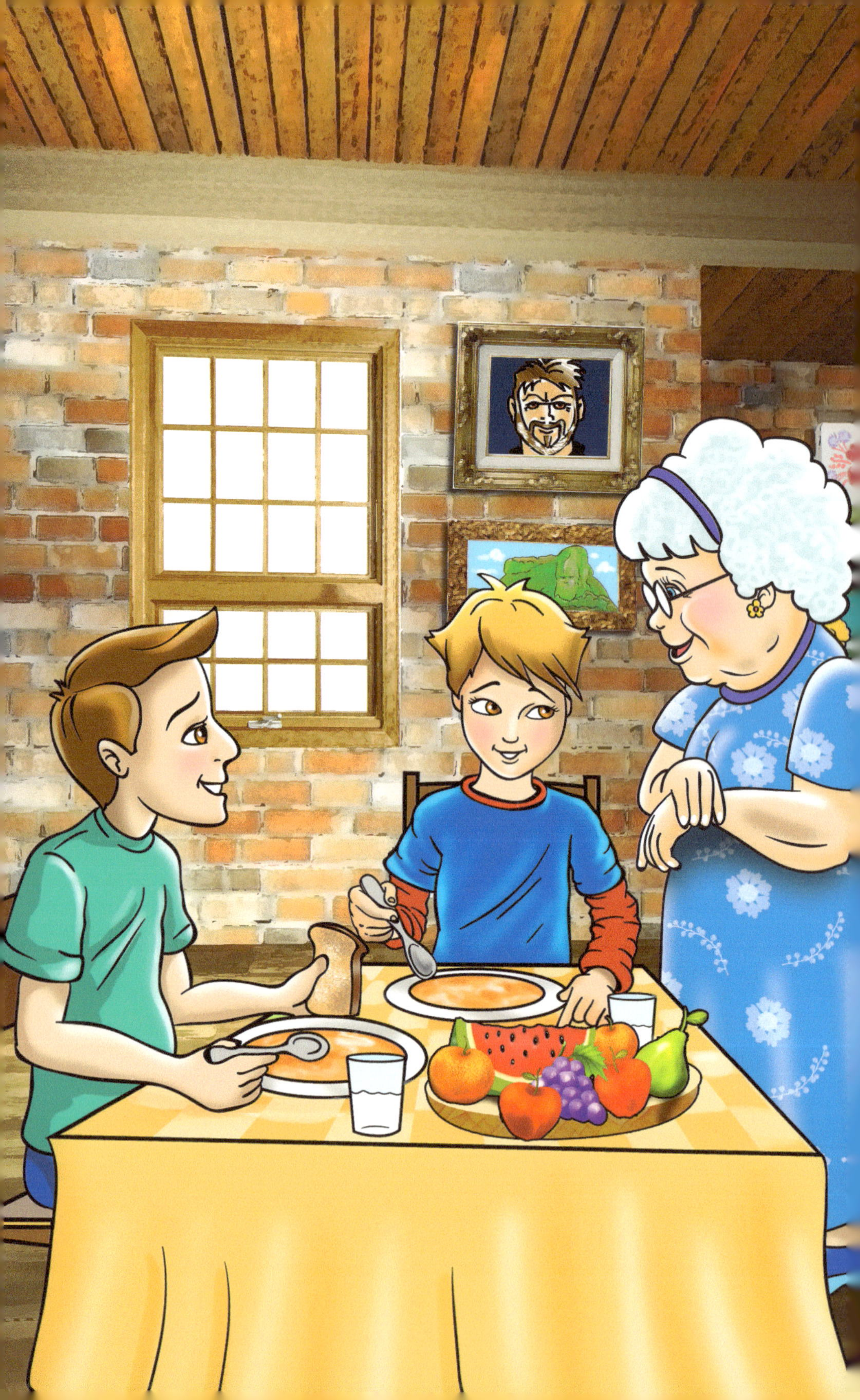

A pousada

Anoiteceu e os dois estavam exaustos.

— Veja, Pardal! Luzes lá na frente!

— Será uma cidade?

— Não sei, está me parecendo mais uma vila.

— O que vamos fazer? Não aguento mais fugir, Carlinhos.

— Eu também estou cansado, mas não podemos desistir. Meu coração me diz que logo estaremos em casa.

— Tomara, tô com fome!

— Pardal, estamos juntos, já passamos por muitas coisas, falta pouco.

— Depois de escaparmos daqueles bêbados, não tenho medo de mais nada.

— Eles insistiam em dizer que nós gostamos de beber.

— Nós só bebemos quando estamos com a turma da rua. Mas é pura brincadeira, só pra curtir — comentou Pardal.

— É verdade! E eles ficam nos tratando como bêbados iguais a eles!

— Carlinhos, o que eu queria saber mesmo é: como viemos parar nesse mundo? Não consigo me lembrar de como chegamos aqui!

— Acho que teremos a resposta quando voltarmos pra casa!

E a conversa continuou até que eles se aproximaram das luzes:

— Você tinha razão, são poucas casas mesmo!

— Vamos ver se encontramos algo pra comer.

— Olhe aquela casa que parece um sobrado, Carlinhos. Ela está toda iluminada, quem sabe alguém nos ajuda.

Eles caminharam em direção a casa.

Assim que chegaram à frente da porta principal, vacilaram em bater.

Olharam para a entrada e surpreenderam-se, pois ela se abriu.

Com a porta aberta, um quadrado de luz exteriorizava-se na pequena escada de entrada, iluminando os dois amigos.

— Podem entrar, a comida está pronta...

As boas-vindas vinham de uma senhora de rosto iluminado e olhar bondoso.

De novo a mesma cena, eles se entreolharam sem entender. Mas, afinal, a única coisa que fazia sentido naquele momento era o apelo do estômago que pedia comida.

Lado a lado eles subiram os poucos degraus e entraram no sobrado.

Era uma grande sala na qual, em algumas mesas, outros tantos jovens também jantavam.

Todos detiveram seus olhares nos dois recém-chegados.

A senhora, com simpatia, indicou uma mesa próxima à janela.

— Obrigado, senhora! — agradeceu Pardal.

— Obrigado, senhora! — fez o mesmo Carlinhos.

Eles sentaram-se à mesa e, em poucos minutos, após pedirem para lavar as mãos, alimentaram-se com deliciosa sopa.

Naquela grande sala, aproximadamente 25 adolescentes gozavam da hospitalidade da sorridente senhora.

Durante a refeição, ela aproximou-se dos dois amigos e indagou:

— Estão gostando da sopa?

Carlinhos, que acabara de morder uma torrada, respondeu:

— Está uma delícia, senhora!

— Desde que começamos nossa fuga... — sem graça, Pardal tentou consertar — quer dizer, nossa viagem, não nos sentimos tão bem.

— Que bom que vocês estão gostando!

Sem conseguir controlar a curiosidade, Pardal perguntou:

— Senhora, que lugar é esse?

— É uma pousada para jovens que estão de passagem. Recebemos garotos e garotas como vocês todos os dias, aqueles que estão indo e vindo.

— Indo e vindo? De onde pra onde? — indagou Carlinhos.

— De um lado da vida para o outro lado!

Pardal e Carlinhos se olharam e deram de ombros.

"Que lugar estranho é este aqui", Carlinhos pensou.

"Cada louco com sua mania", Pardal deduziu mentalmente.

— Senhora, posso saber seu nome? — Pardal indagou, curioso.

— Claro que sim, pode me chamar de dona Modesta.

— Dona Modesta, todos esses garotos e garotas que estão aqui vão embora? — Carlinhos questionou.

— Não, nem todos — ela respondeu com carinho —, alguns permanecem por um período em readaptação. Outros, como vocês dois, que ainda não têm a situação definida, apenas passam por aqui e são recebidos como viajantes que estão aprendendo.

— Entendi! — Carlinhos piscou para Pardal como a dizer para o amigo ter paciência com dona Modesta.

Educadamente, ela pediu licença e se afastou por um momento.

— Mais uma estranha deste mundo!

— É verdade, Carlinhos, aqui só dá gente maluca!

— Shhhhhhhh, ela tá voltando!

— Vocês podem repousar aqui por esta noite!

— Ah, dona Modesta, nós aceitamos a ajuda, né, Carlinhos?

— É, sim, mas amanhã bem cedo nós continuaremos nossa viagem de volta pra casa.

— Que bom! Existem viagens que só nós podemos fazer, não é verdade?

— É, sim, dona Modesta! — concordou Pardal.

— Bem, quando desejarem se recolher, eu lhes mostro o quarto. Agora está na hora da nossa prece, querem participar?

— Prece??? — estranhou Carlinhos.

— Sim, é aqui mesmo, nesta sala, basta ficar em silêncio e acompanhar mentalmente.

Pardal cutucou o amigo com os pés, por baixo da mesa, e disse baixinho:

— Não sou chegado nessas coisas, mas já que estamos aqui, vamos participar.

Uma música agradável envolveu o ambiente. Carlinhos colocou o dedo nos lábios e pediu ao amigo silêncio.

Dona Modesta falou por breves minutos sobre a importância da gratidão.

Os jovens presentes ficaram envolvidos pelo agradável clima e se emocionaram com a prece proferida por aquela gentil e "modesta" senhora.

— Você viu, Pardal?! Eu não consegui ficar de olhos fechados; quando olhei pra dona Modesta, ela estava toda iluminada.

— Nem abri meus olhos, Carlinhos, mas me senti muito bem com as palavras dela. Não sei por que, mas me lembrei de minha avó Dolores, que já morreu.

— Credo, Pardal, lembrar logo quem morreu!

— Eu não lembrei, ela apareceu dentro da minha cabeça... O que eu podia fazer?

— Tá certo, tá certo, vamos dormir que eu não vejo a hora de voltar pra casa!

— Mas que foi bonito ver a minha avó foi!

— Agora vamos descansar!

— Querem ir descansar, meninos?

— Sim, dona Modesta, podemos ir agora!

— Então, venham comigo!

Os dois amigos se despediram e adormeceram felizes.

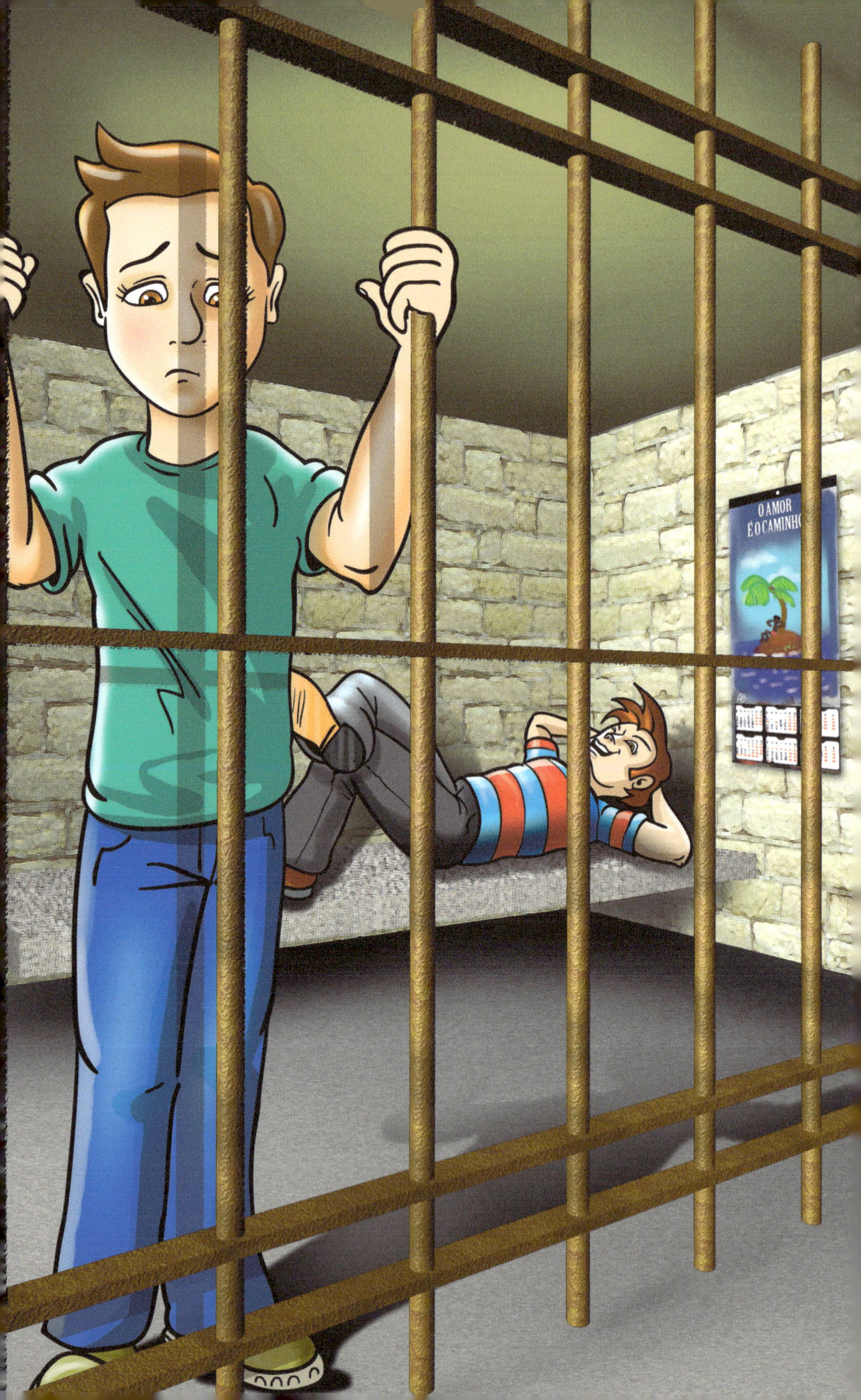
O AMOR
É O CAMINHO

O reformatório

Na manhã seguinte, após um bom café, os dois companheiros partiram em busca do lar.

Da porta da pousada assombrada, dona Modesta acenava com grande carinho para os dois.

— Estou me sentindo outra pessoa depois dessa noite, Pardal!

— Eu também; estou pronto pra prosseguir de volta pra nossa casa.

— Então, vamos embora, nossa família nos espera, chega de preocupação!

— Pardal! Em que direção iremos caminhar?

— Vamos seguir essa estrada! O que você acha?

— Não vejo outro caminho pra nós!

Eles seguiram pela estrada por algum tempo... Até que encontraram um jovem sentado à beira do caminho.

— Olá! — disse o garoto, cumprimentando os dois.

— Oi! — respondeu Pardal.

— Estão indo pra onde?

— Estamos voltando pra casa! — afirmou Carlinhos, com um sorriso.

— Meu nome é Jean! Vocês se importam se eu caminhar com vocês?

— Claro que não! Não é, Pardal?

— Sim, venha com a gente! Assim teremos mais um companheiro de viagem pra conversar.

— Obrigado! — ele se levantou, ajeitando uma mochila que trazia nas costas.

— Quer ajuda com essa mochila? — ofereceu-se Carlinhos — Ela parece estar pesada!

— Não se preocupem, estou acostumado! Eu mesmo levo.

— Se precisar, podemos ajudar! — afirmou Pardal, com simpatia.

— Se precisar, eu peço! Obrigado!

E os três seguiram pela estrada em conversa animada.

Após cerca de duas horas de caminhada, eles foram abordados por cinco homens que vinham de cavalo em direção oposta.

Ao verem os jovens, os cinco cavaleiros os cercaram.

Um deles, que parecia ser o chefe, indagou:

— Para onde estão indo?

— Estamos voltando pra casa! — alegou Pardal.

— Todos vocês? — disse, dirigindo-se a Carlinhos.

— Eu também estou voltando pra casa!

— E você? — apontou para Jean.

— Eu, bem... Eu também estou! — disse, com indecisão.

Outro homem que fazia parte do pequeno grupo questionou:

— Essa mochila parece pesada, o que leva nela?

Colocando a mochila junto ao peito, Jean respondeu:

— Apenas roupas.

— Se é só roupa, por certo você não irá se incomodar em nos mostrar, não é?

Assustado com a abordagem, Jean recuou.

O líder dos homens insistiu:

— E, então, vai nos mostrar o que leva nessa mochila?

— Sim, eu...

Jean tentou correr, mas um dos homens se atirou sobre ele e o dominou.

Carlinhos e Pardal, assustados, ficaram paralisados.

— Vejamos o que ele carrega aqui!

O homem abriu a mochila e sorriu, antes de tirar um pacote de seu interior.

— Vejam só o que eu achei!

Ele virou a mochila e despejou o conteúdo no chão.

— Drogas e mais drogas...

— Algemem os três! — ordenou o líder.

— Mas nós não temos nada a ver com isso! — argumentou Pardal.

— Todos dizem a mesma coisa! — afirmou um outro, que algemava Carlinhos.

— Jean, por favor, diga a eles que nem eu nem o Pardal temos nada a ver com isso — pediu Carlinhos, já algemado.

Jean olhou com desprezo para Carlinhos e disse:

— Vá pro inferno, seu idiota!

Os três foram dominados e a ordem partiu do líder da patrulha:

— Levem esses adolescentes infratores para o reformatório.

A patrulha os levou pela estrada poeirenta.

Com trotes lentos, o grupo foi se aproximando de grande muralha, vista de longe.

O silêncio era total.

Só se ouvia o casco dos animais a tocar algumas poucas pedras.

O aspecto do reformatório era sinistro.

À medida que o grupo se aproximava, mais a muralha se agigantava aos olhos de Pardal e de Carlinhos.

Nas extremidades do extenso muro, guaritas, estrategicamente dispostas, abrigavam vigias durante as 24 horas do dia.

Um grande portão foi aberto e eles ingressaram.

Os homens apearam vagarosamente.

Outro, que parecia ser ajudante, aproximou-se, pegou os animais pelas rédeas e os levou para um cocho próximo.

— Boa tarde, inspetor!

— Boa tarde, Silvestre; cuide dos animais.

— Prendeu mais alguns passarinhos?

— Isso mesmo, aqui tem mais três!

Os jovens foram conduzidos ao interior de um edifício, que parecia ser onde ficava o comandante.

Eles entraram por uma sala.

— Senhor, em patrulha de rotina, prendemos esses três menores infratores! Sendo que este aqui já era procurado há muito tempo.

— Qual a infração?

— Tráfico de entorpecentes e consumo de álcool!

— Recolheram provas?

Um homem da patrulha se adiantou e colocou sobre a mesa a mochila de Jean.

O Juiz pediu para ver o que tinha no interior dela; o que lhe foi mostrado em poucos instantes.

Ele olhou para os três e indagou:

— Vocês têm algo a dizer em defesa própria?

— Eu tenho! — falou Pardal, com coragem.

Apontando para Carlinhos, prosseguiu:

— A droga é minha e do Jean! Esse outro rapaz não tem nada a ver com isso!

— Tá louco, Pardal! É mentira dele, seu Juiz! Nós dois somos inocentes, a droga é do Jean!

— Estão querendo me confundir? — indagou a autoridade.

— Não, senhor Juiz! Estou apenas falando a verdade! — falou, com convicção, Pardal.

— É mentira... — tentou argumentar Carlinhos.

— Cale a boca! — ordenou o Juiz.

— Frederico — o Juiz falou dirigindo-se ao líder da patrulha —, leve esses dois para a cela.

— E o outro, Meritíssimo?

— O outro, você coloca em cela separada. Vamos investigar quem está falando a verdade!

— Assim será feito, Meritíssimo!

O Juiz bateu o martelo sobre a mesa e se retirou.

Jean e Pardal foram levados e trancafiados em uma mesma cela.

Carlinhos foi levado para uma cela separada, mas no mesmo corredor.

Assim, eles passaram a primeira noite no reformatório de jovens infratores.

De madrugada, ouviam-se alguns gritos, que Pardal e Carlinhos não sabiam de onde vinham.

Jean dormia com tranquilidade, pois não era a primeira vez que passava por semelhante situação.

Em um momento que virava de lado durante a noite, viu Pardal em pé junto à grade.

— Não adianta ficar acordado! A estadia vai ser longa. Pode ir se acostumando!

— A culpa é sua por estarmos aqui, seu maldito! — esbravejou Pardal.

Jean nem se importou com o que o outro disse, virou de lado e dormiu.

Na outra cela, sozinho, Carlinhos ouviu novamente o choro de sua mãe, dentro do próprio coração.

Ele chorou também.

Recordou-se de dona Modesta.

Sentia a presença da simpática senhora, parecia ouvir sua voz a dizer:

— Não se desespere, Carlinhos, você vai voltar para casa.

Ele sentiu grande alento em seu coração.

Acomodou-se no leito duro, feito de cimento, e adormeceu.

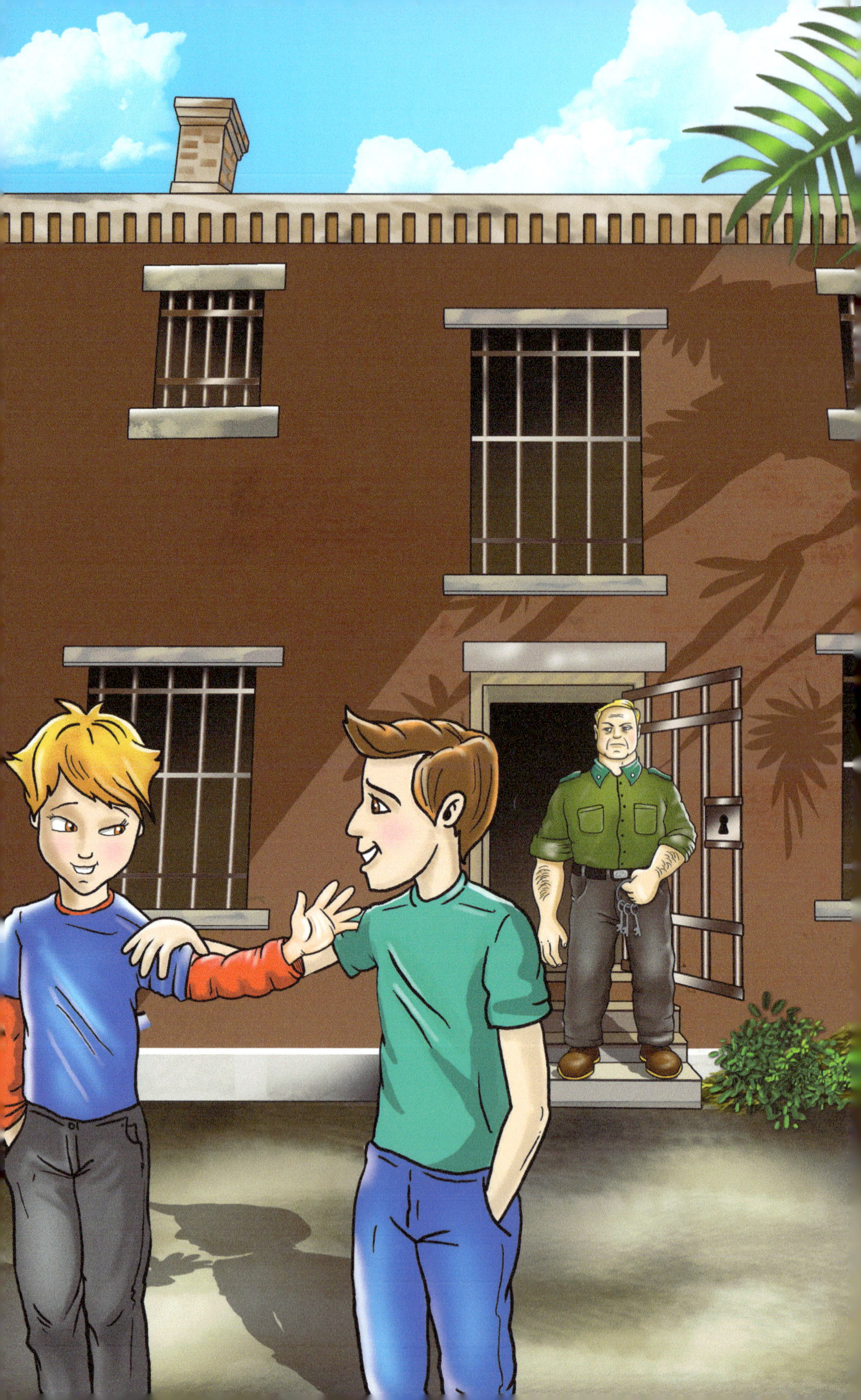

A última fuga

Amanheceu e as celas foram invadidas por pálida luz solar.

Pardal, angustiado, preocupava-se com o amigo na outra cela.

Era uma pena que as duas celas, embora no mesmo corredor, ficassem do mesmo lado da parede.

Sem saber o que fazer, ele fechou os olhos e surpreendeu-se ao ver em sua mente a linda silhueta de Cris.

Ela sorriu e disse telepaticamente:

— *Pardal, procure se concentrar no Carlinhos para que vocês possam estabelecer um contato telepático.*

— *Isso é possível entre nós dois, Cris?*

— *Claro que sim! Vocês têm o principal, que é o vínculo afetivo sincero de um para o outro!*

— *Vou tentar me comunicar com ele!*

— *Não esqueça que o pensamento, quando educado, é a maior força de realização do Universo!*

— *Não vou esquecer! Cris, só mais uma coisa!*

— *Pode falar, Pardal, o que foi?*

— *Quando tudo isso vai acabar?*

— Fique tranquilo, Pardal, já está chegando ao fim. Mas não esmoreça, confie! Pense sempre no melhor!

— Farei o possível!

De olhos fechados, a imagem de Cris desvaneceu na mente do menino.

Pardal agora procurava se concentrar na imagem de Carlinhos.

Para sua surpresa, ele não teve a menor dificuldade em visualizar o amigo.

Carlinhos, que ainda estava deitado na cela, contemplando o teto, fechou os olhos brevemente e viu a imagem de Pardal.

Mentalmente, ele disse ao amigo:

— E agora, meu amigo? Como vamos fugir daqui?

— Fique tranquilo e confie! Nós iremos sair dessa!

— Você está falando comigo ou é a minha imaginação?

— Sua imaginação não é tão inteligente como eu! A Cris me ensinou a falar com você telepaticamente.

— Por que não pensamos nisso antes, Pardal?

— Porque não somos tão espertos como acreditamos ser!

— Tem razão, somos meio lerdos!

— Meio? Eu diria que somos inteiramente lerdos. Se fôssemos espertos, não teríamos acreditado nesse Jean.

— Pelo jeito, o cara é figura conhecida aqui neste mundo de malucos!

— E é mesmo! Preste atenção! Daqui a pouco todas as celas vão se abrir para o café da manhã e depois para o banho de sol. Espere que nós vamos nos encontrar!

— Como você sabe disso?

— Ouvi dois garotos falando da cela em frente a minha!

A comunicação foi interrompida pela alta campainha que tocou.

O serviço de alto-falantes informava:

— Atenção! Em dez minutos, as portas automáticas das celas serão abertas, todos os jovens devem postar-se lado a lado, na porta de suas celas, e aguardar novas ordens!

O tempo passou rápido e as portas foram abertas.

— Atenção, atenção... Os jovens do corredor de celas de número par devem virar à sua direita e começar a caminhar, de maneira a respeitar a fila indiana até o refeitório. Assim que todos chegarem ao refeitório, os jovens do corredor de celas de número ímpar devem virar à esquerda e ter o mesmo procedimento.

Ao entrarem no refeitório, os jovens pegavam uma bandeja e iam passando pela cozinha, onde eram servidos adequadamente.

Assim que todos sentavam-se à mesa, a refeição se iniciava.

Do café da manhã eles saíam por uma porta lateral que dava no pátio externo do reformatório.

Quase quarenta minutos depois, Pardal e Carlinhos se abraçaram ao se encontrarem.

— E agora, Pardal? Como vamos sair daqui?

— Ainda não sei, precisamos pensar...

A conversa dos dois amigos foi interrompida por uma bola que acertou o rosto de Pardal, fazendo com que ele caísse no chão, deixando-o atordoado.

Carlinhos procurou erguer o amigo.

Confuso, Pardal se levantou.

— Machucou?

A voz vinha de um garoto mal-encarado, que sorria com o ocorrido.

Pardal limpou o rosto e encarou o garoto.

Imediatamente a imagem lhe veio à mente.

Era o chefe da gangue que o perseguiu no começo da fuga.

O garoto se aproximou e disse desafiadoramente:

— Logo vamos acertar as nossas contas! Você me deve!

— Não devo nada a você nem a essa sua gangue! — Pardal respondeu com coragem.

— Deve e vai pagar!

— O que é que eu lhe devo?

Gargalhando, o garoto avisou:

— Quando chegar o momento, você vai saber o que me deve!

A bola estava caída ao lado de Carlinhos.

Sem que ninguém esperasse, ele pegou-a do chão e atirou-a com força no rosto do garoto.

Imediatamente a confusão se formou.

O garoto da gangue partiu pra cima de Carlinhos, que não deixou por menos e se atracou com ele.

Pardal, imediatamente, procurou separar a briga e, no momento em que conseguiu esse intento, ficou de costas para o garoto da gangue.

Esse não teve dúvida, covardemente pegou um objeto pontiagudo e bateu com ele na cabeça de Pardal.

Os inspetores correram e ainda pegaram o garoto com o objeto na mão.

Imediatamente ele foi conduzido à presença do Juiz.

Pardal, por sua vez, foi levado desacordado para a enfermaria.

....

Alguns dias depois, Carlinhos foi chamado.

— Acompanhe-nos à presença do Juiz!

Ele foi conduzido pelo mesmo comprido e frio corredor.

Ao chegar à sala do Juiz, surpreendeu-se ao encontrar o amigo Pardal recuperado da agressão.

Os dois se abraçaram emocionados.

— Após intensa investigação, ficou constatado que o único proprietário das drogas encontradas na diligência, que culminou com a prisão dos jovens Pardal e Carlinhos, era o garoto Jean. Portanto, a prisão de ambos foi revogada e os dois podem deixar o reformatório.

O Juiz bateu o martelo e assinou a petição.

Em poucos minutos, eles se viram novamente em liberdade.

— Pensei que não ia mais ver você! — afirmou Carlinhos, com alegria.

— Estou feliz em te encontrar!

— Agora vamos pra casa, Pardal?

— Sim, Carlinhos, você vai pra casa!

— Como assim, eu vou pra casa?! Você também vai! Que papo é esse?

— Vou te levar, venha comigo!

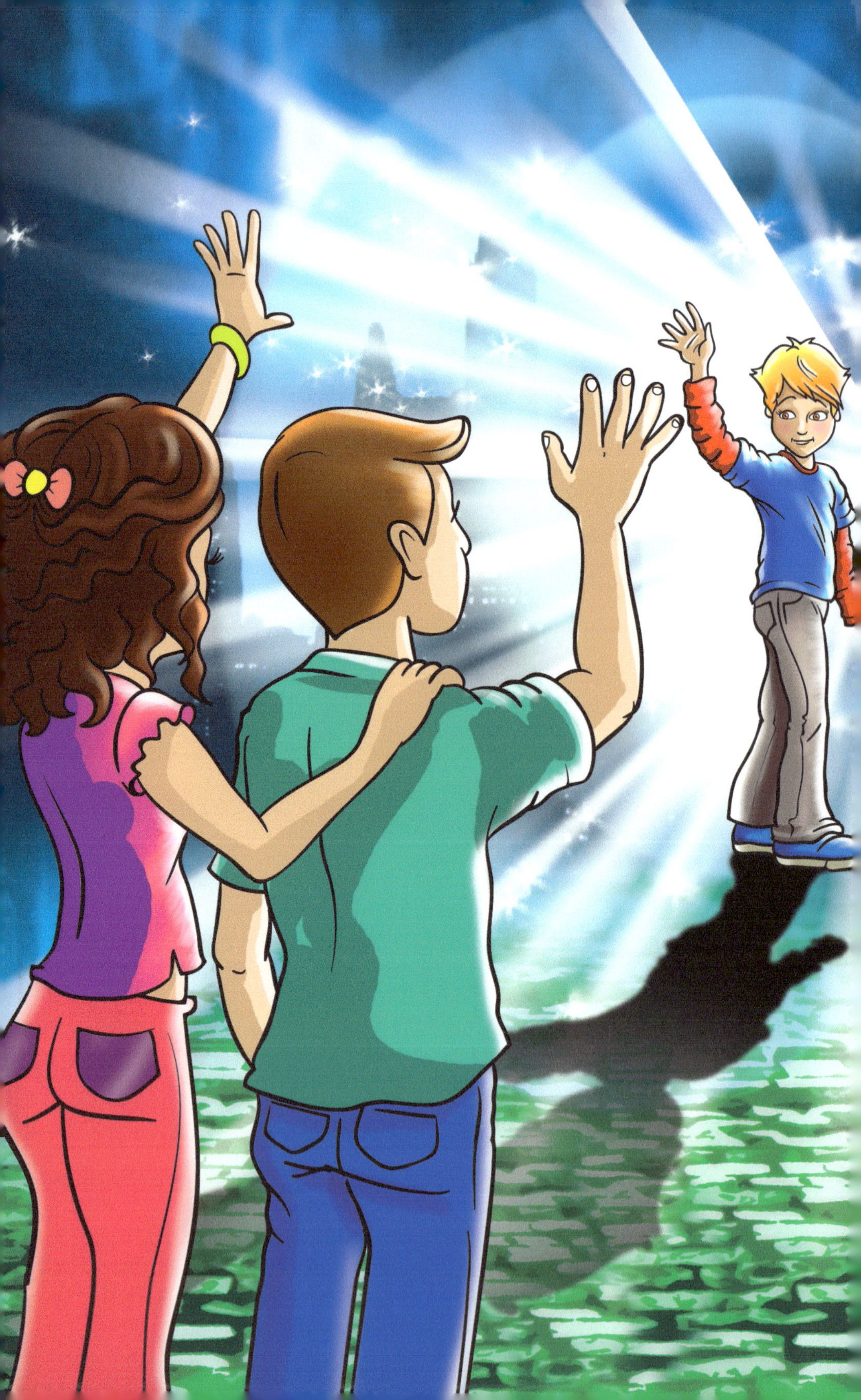

A volta para casa

Mãos no ombro um do outro e lá se foram os dois em silêncio.

Carlinhos parecia entender que algo diferente iria acontecer.

— Venha por aqui, Carlinhos!

— Você sabe o caminho?

— Sei sim, meu amigo!

— Pardal, estamos longe?

— Não, meu amigo, estamos chegando!

— Pardal, por que aquela gangue nos perseguia?

— Eles queriam nos tornar escravos.

— Escravos?

Sim, Carlinhos! Depois que você voltar pra casa irá compreender tudo. Eu não sei explicar mais nada!

— Onde está o caminho de volta pra casa, Pardal?

— Ali, olhe, naquela direção...

Pardal apontava para um túnel de luz que se abria à frente dos dois.

Naquele mesmo instante, Cris se aproximou, dizendo:

— Carlinhos, você pode voltar...

— Só volto com o Pardal! Sem ele, nem pensar!

— Ele não poderá acompanhá-lo dessa vez, Carlinhos!

— Lamento, Cris, nós fugimos esse tempo todo juntos, e eu não posso deixá-lo logo agora que estamos perto de casa. Não vou deixar meu amigo aqui, neste mundo maluco!

— Carlinhos, existem situações que nós não podemos lutar contra, não tem jeito.

— Ela está certa, Carlinhos, você precisa voltar! Não seja teimoso!

— Mas como vou voltar sem você! Agora que descobri que nós somos como irmãos!

Carlinhos começou a chorar.

Cris o abraçou com carinho.

Pardal se aproximou e, chorando, também abraçou o amigo.

Eles ficaram abraçados por alguns minutos!

— Amigo não abandona amigo, Pardal! Vem comigo!

— Eu vou aí dentro do seu coração, Carlinhos! Nós estaremos sempre juntos.

— Acredite nele, Carlinhos, só aprendemos a amar de verdade quando não desejamos prender os que amamos ao nosso lado.

— É difícil, Cris!

— Eu sei que é difícil, mas deixe o Pardal seguir o caminho dele!

A luz do túnel se intensificou.

— Volte, Carlinhos, um dia a gente se vê!

Carlinhos enxugou as lágrimas com o dorso das mãos e caminhou em direção ao túnel.

Ele acenou para os dois amigos que ficaram sorrindo pra ele.

À medida que caminhava pelo túnel, foi perdendo a consciência.

....

Vozes eram ouvidas...

Bipes de aparelhos hospitalares...

Silêncio...

Vozes...

— Ele está abrindo os olhos!!!

— Graças a Deus! Graças a Deus!

As luzes intensas dificultavam a distinção das silhuetas que, como sombras, passavam de um lado para outro em sua retina.

Nesse instante, alguém chamou:

— Carlinhos, Carlinhos, se estiver me ouvindo, aperte a minha mão.

Uma explosão de alegria, e a voz de uma mulher ecoou no quarto do hospital:

— Graças a Deus, meu filho saiu do coma, meu filho saiu do coma!

A recuperação foi lenta, aos poucos Carlinhos retomava sua vida.

Dias depois, assim que pôde falar, perguntou:

— Mãe, e o Pardal?

— O Pardal não resistiu ao coma, meu filho, ele perdeu a batalha. A dose de álcool e de outras drogas ingeridas por vocês dois foi muito grande. Ele não resistiu!

— Mas nós não usamos drogas, mamae!

— Carlinhos, o álcool é uma droga! Os exames laboratoriais feitos para apurar a causa da morte do Pardal apuraram que dentro da garrafa de bebida que vocês ingeriram havia outras drogas, colocadas por alguém.

— E quem foi que fez isso?

— Infelizmente, houve outra morte nesse triste caso.

— Quem foi, mãe?

— A polícia identificou um traficante chamado Jean como autor do coquetel de drogas.

Carlinhos tentava lembrar, mas tudo era confusão em sua mente.

Ele se lembrava do amigo Pardal com carinho.

— Eu estou muito arrependido de ter feito a senhora passar por essas coisas, mãe. Perdoe-me!

— Vai ficar tudo bem, Carlinhos!

— Quanto tempo ainda tenho que ficar aqui internado, mamãe?

— Mais alguns dias, Carlinhos! Você ficou em coma por cerca de quatorze dias.

Nos horários de visita, muitos amigos da escola vinham abraçar Carlinhos.

Em uma dessas tardes, após receber flores de uma garota, ele se emocionou.

Ao cerrar os olhos, viu em sua mente a imagem do amigo Pardal e de Cris.

Telepaticamente, eles diziam:

— *Um dia iremos nos encontrar! O amor é a melhor balada!*

FUGINDO PARA VIVER

EDIÇÃO	IMPRESSÃO	ANO	TIRAGEM	FORMATO
1	1	2009	5.000	16x23
1	2	2010	3.000	16x23
1	3	2013	2.000	16x23
1	4	2015	1.000	16x23
1	Short Run	2022	150	16x23
1	IPT*	2023	130	15,5x23
1	IPT	2024	150	15,5x23
1	IPT	2025	80	15,5x23

*Impressão pequenas tiragens

FEB editora
Livro espírita para um novo mundo
www.febeditora.com.br
@febeditoraoficial
@febeditora

Conselho Editorial:
Carlos Roberto Campetti
Cirne Ferreira de Araújo
Evandro Noleto Bezerra
Geraldo Campetti Sobrinho – Coord. Editorial
Jorge Godinho Barreto Nery – Presidente
Maria de Lourdes Pereira de Oliveira
Miriam Lúcia Herrera Masotti Dusi

Produção Editorial:
Elizabete de Jesus Moreira

Revisão:
Elizabete de Jesus Moreira
Paola Martins da Silva

Capa, Projeto Gráfico e Ilustrações:
L. Bandeira

Diagramação:
Ingrid Saori Furuta

Normalização Técnica:
Biblioteca de Obras Raras e Documentos Patrimoniais do Livro

Esta edição foi impressa no sistema de Impressão pequenas tiragens, em formato fechado de 155x230 mm e com mancha de 120x183 mm. Os papéis utilizados foram o Couche fosco 90 g/m² para o miolo e o Cartão 250 g/m² para a capa. O texto principal foi composto em fonte Pigiarniq Light 10/12 e os títulos em Droid Serif 22/33. Impresso no Brasil. *Presita en Brazilo.*